Samba
em um Dia de Neve

Escrito por Paul Yanuziello

Ilustrações de Joshua Miller

Samba em um Dia de Neve
© 2019 Paul Yanuziello

Escrito por Paul Yanuziello
Ilustrações de Joshua Miller
Editor de cópias e revisor: Denise Queiroz Herren

Primeira Edição 2019
Primeira Edição Traduzida 2021

ISBN 978-1-7775708-0-4

Yanuziello, Paul
Samba em um Dia de Neve
Ilustrações de Joshua Miller
Capa e projeto de livros de Castelane.

Traduzido para o português por Luiz Rocha
Impresso no Brasil
Publicado pela PNJ Services paulyanuziello.com

Para as crianças dentro de todos nós, especialmente
para Ninetta, Adrianna, Nadia e Leila.

Para minha família, com todo o meu amor, minha
gratidão e devoção, por tudo o que vocês é são
tudo o que fazem.

Quando Ariela abriu a cortina da sala, o reflexo do sol na neve estava ofuscando. Samba pulou no sofá e depois pulou nos braços de Ariela. Samba é um cachorrinho peludo de quatro meses. Ele é um Boiadeiro de Berna, também conhecido carinhosamente como "Bernese".

Ariela tem 10 anos. Natural do Rio de Janeiro (RJ), Ariela veio para o Canadá com a família quando era apenas um bebê.

Ela adora a aparência da neve,
a qual pode ser divertida e
mágica.

Ariela se vestiu para sair. Ela vestiu suas calças de neve, com os suspensórios vermelhos sobre seus ombros. Sempre que Ariela se vestia para sair, Samba fazia corridas galopantes em sua direção e pulava o mais alto que ele podia em suas pernas.

Ela vestiu sua grande jaqueta de inverno, aquela com o capuz e as luvas presas. Enquanto colocava o arnês em Samba, ela percebeu que deveria ter feito isso antes de ficar toda empacotada. Agora estava em apuros, toda empacotada e curvada sobre o cachorrinho.

Suas luvas penduradas na jaqueta serviram de um grande brinquedo para Samba.

"Samba, não!", ela gritou sem que adiantasse de nada, enquanto lutava para tirar seu casaco e tirou o cachecol. Ariela fez outra tentativa de colocar o arnês em Samba, assim como suas mochilas. Sim - mochilas!

Um amigo disse a Ariela que os Boiadeiros Bernês são cães de trabalho, e a maneira correta de treiná-los é acostumá-los a carregar mochilas com um peso leve. As mochilas eram muitas vezes cheias de batatas. Ariela foi em busca de batatas. Ela encontrou duas grandes e as colocou nas mochilas - uma de cada lado.

Ariela enrolou novamente seu cachecol em volta
do pescoço, colocou sua jaqueta e abriu a porta
para começar sua aventura na neve.

Samba já tinha estado lá fora, mas só tinha visto a neve de longe. Era diferente quando a via pela janela. Agora ele podia senti-la, pular nela e se rolar nesta fofura branca.

Ele saltou tão alto - não apenas uma, nem duas, mas três vezes - que as batatas que estavam nas mochilas, voaram. A coitada da Ariela foi arrastada atrás de Samba enquanto ele corria atrás de suas batatas. Ariela então conseguiu enrolar a coleira em torno de sua mão, mas a coleira estava presa entre sua mão e sua luva.

Samba atingiu o primeiro obstáculo de um pequeno morro de neve e deu uma cambalhota no ar. Ariela atravessou o mesmo pequeno morro e ficou presa de cabeça sob a neve. Os dois ficaram deitados na neve descansando. Eles tinham brincado por volta de dois minutos.

Ariela saiu do banco de neve. Samba estava girando na neve, tentando comer uma das batatas que tinha encontrado. Felizmente, Ariela se lembrou de trazer petiscos. Ela achava que batatas cruas não eram boas para Samba, mesmo querendo que ele fosse vegetariano.

Dois biscoitinhos depois, Samba estava
liderando Ariela em sua caminhada. Ele estava
indo em direção à floresta. Ariela também
gostava da floresta.

Assim que chegaram à entrada da floresta, Ariela tirou a coleira de Samba. Liberdade! Samba correu como um foguete. Pulando facilmente sobre a neve, ele parecia estar em casa.

A neve deve ter lembrado *Samba* de sua morada nos *Alpes Suíços*, pensou Ariela, enquanto caminhavam pela trilha admirando a beleza da neve recém-caída brilhando nas árvores. Ariela amava a energia da floresta.

Cansado, Samba deu mais uns dois passos e em seguida, deitou-se na neve, esticando todas as quatro patas.

Ariela riu, um pouco nervosa. Ele era engraçado, mas também meio assustador. *E se Samba não quisesse voltar para casa,* Ariela pensou? Ela verificou quantos petiscos ela ainda tinha. Dois biscoitinhos - e uma batata mastigada. Ela tinha a esperança que fosse o suficiente para levá-los de volta para casa.

"Ok, Samba, vamos lá. Nós temos que ir para casa antes que fique escuro", implorou Ariela.

Como iria escurecer logo, Ariela não queria voltar pela floresta, se caso ela se perdesse ou encontrasse alguns animais selvagens. Ela tinha ouvido falar que os coiotes gostavam de filhotes. Ela decidiu então que eles iriam pelo parque do bairro e descer deslizando a grande colina.

"Ok, Samba, vamos para casa." Ela puxou sua coleira e Samba levantou-se, mas não queria ir.

Ariela quebrou um biscoito em dois pedaços. Ela começou a andar com o petisco em sua luva. Samba ficou animado, mas Ariela esperou o máximo possível para dar-lhe o petisco. Eles deram quatro passos, e Samba parou. "Ok, aqui", disse Ariela.

Samba comeu o biscoitinho, e isso parecia dar-lhe um pouco de energia. Agora eles estavam correndo, com Samba na liderança e indo direto para o parque. Ariela ficou feliz que seu plano estava dando certo.

Samba e Ariela continuaram em sua jornada. Ariela sentiu que poderia chegar em casa.

"Sucesso!", ela disse.

"Ok, Samba, quase hora de comer", disse Ariela. Samba sabia o que isso significava e lá foi ele. Ariela estava correndo para acompanhar. Ela escorregou e caiu quando Samba corria descendo a colina em busca do jantar.

Eles atingiram o último morro, e ambos voaram no ar.

Mas eles estavam em casa. "Mais um petisco, Samba? Ok, e mais outro. Todos se foram! Você não quer estragar seu apetite para o jantar, quer?"

Ariela abriu a porta dos fundos. Samba pulou para dentro da casa, latindo e ganindo. "Oi, estamos em casa", anunciou Ariela. Ela tirou as botas e deitou-se no chão. Ela estava muito cansada. Samba correu para sua tigela de água, e a bebeu fazendo barulho.

Alguns segundos depois, ele estava babando com sua língua no rosto de Ariela. Ele queria dizer assim a Ariela que era definitivamente hora de comer.

O fim.

Paul Yanuziello é escritor, músico, instrutor de artes marciais e autor. Foi escritor profissional durante uma longa carreira na profissão de contratação mecânica, produzindo inúmeras críticas e relatórios. Desde 2006, sob seu pseudônimo Paul J. Youngman, ele tem revisado e relatado em shows, festivais e gravações por grandes musicais. Seus relatórios são publicados no *All About Jazz, Jazz Review* e *Toronto Music Report* dentre outros. Um artista marcial altamente qualificado, ele hoje instrui adultos e crianças na arte marcial japonesa. A oportunidade de escrever e ensinar em tempo integral em 2017, bem como sua paixão por ensinar e aprender com crianças, tornou-se a força motivacional para publicar seu primeiro livro infantil Samba em um dia de neve (Titulo original: *Samba on a Snowy Day*). Para ficar atualizado com Paul, visite paulyanuziello.com e lembre-se de inscrever-se no seu blog.

Joshua Miller é ilustrador, instrutor de arte e mentor de desenho. Em 2016, ele se formou no programa de Animação da Faculdade Séneca e começou a trabalhar como instrutor de desenho no Animation Portfolio Workshop. Como instrutor e mentor, Joshua ajuda os alunos a entrar nas melhores escolas de arte do mundo. Quando não ensina, ele é um artista apaixonado que gosta de passar o tempo desenhando e criando ilustrações divertidas. Joshua mora em Toronto, Ontario, Canada.

Made in the USA
Las Vegas, NV
19 December 2021